FLL

世界最大級のロボット競技会

ファーストレゴリーグ

公式ガイドブック

NPO法人青少年科学技術振興会理事長

鴨志田英樹

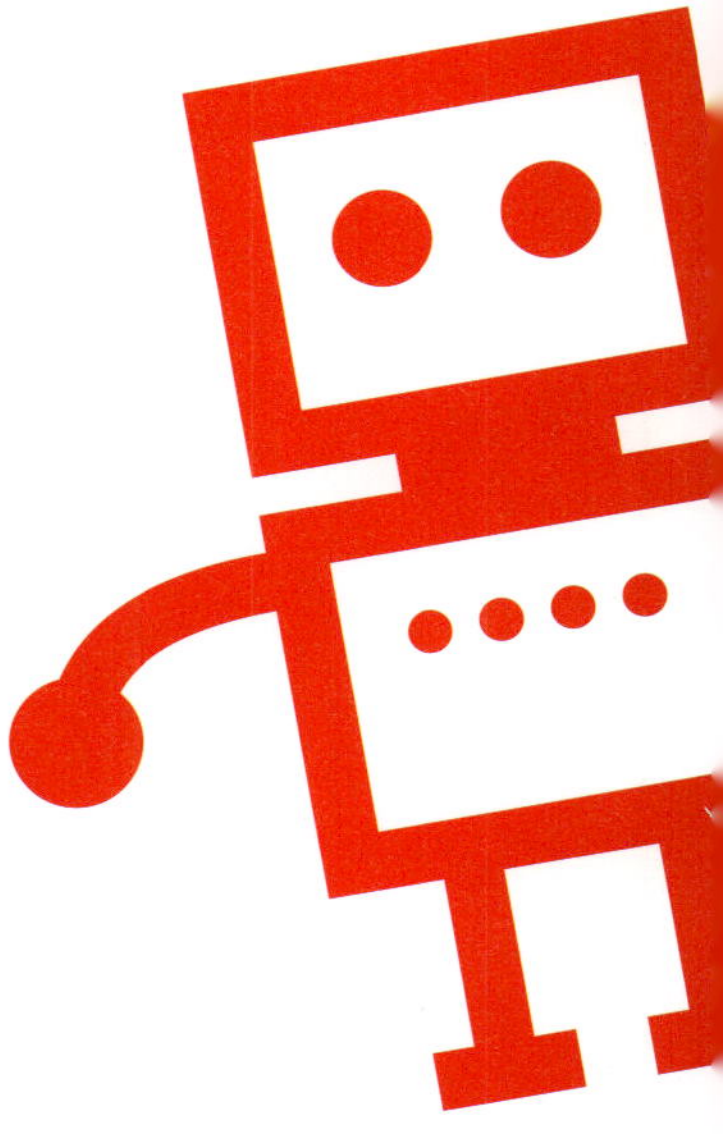

KTC中央出版

世界80か国から
約27万人※の
子どもたちが
参加する!

世界最大級のロボット競技会

ファーストレゴリーグ

FLL

※2015年現在の参加国数、人数です。

数々のミッションが設置されたフィールド上を、自律型のロボットが駆けめぐり、次々と攻略していく！

ファーストレゴリーグ（以下FLL）は9歳～16歳の子どもを対象として開催される世界最大級のロボット競技会です。アメリカのNPO法人「FIRST」によって1998年に初めて開催されたあと、世界中に広がり、日本では2004年に初めてFLLの国内大会が開催されました。2008年には、日本で世界大会が開催され、毎年参加者が増えており、注目を集めています。

毎年各国で開催される世界大会に日本チームも出場！

大会ルール

毎年発表される
科学的なテーマに基づいた
ロボット競技と
プレゼンテーション競技の
総合得点で競います。

1

参加チームは「教育版レゴ マインドストーム EV3」でロボットを組み立て、プログラムを作ります（84ページ参照）。大会に向けてテストと改良を何度も繰り返し、オリジナルロボットとプログラムを高性能に仕上げていきます。

ロボット競技

8ページ

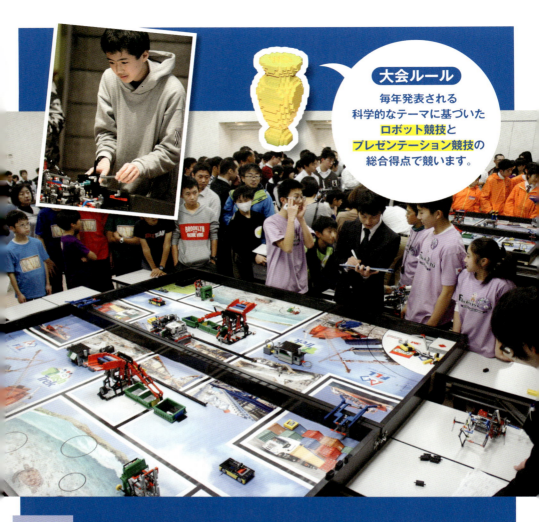

2

ロボット競技のほかに、プレゼンテーションも重要な採点対象です。「テーマ」について、子どもたちの目線で研究し、科学的な解決手法を探ります。聞き手に訴えかけるプレゼンを行うべく、資料を練り上げ、綿密な発表練習を行って、本番にのぞみます。

プレゼンテーション競技

10ページ

ロボット競技

1

フィールド上に仕掛けられた ミッションをクリアしていく!

FLL2015のテーマは「ゴミ問題」。埋め立てゴミのエリアからメタンガスを回収したり、まだ使える資材を肥料にしたり、フィールドには、ゴミ問題にちなんだミッションが用意されています。

Trash trek

ロボットミッション 最高 1131点

※ FLL2015 のときの得点。毎年最高点は異なります。

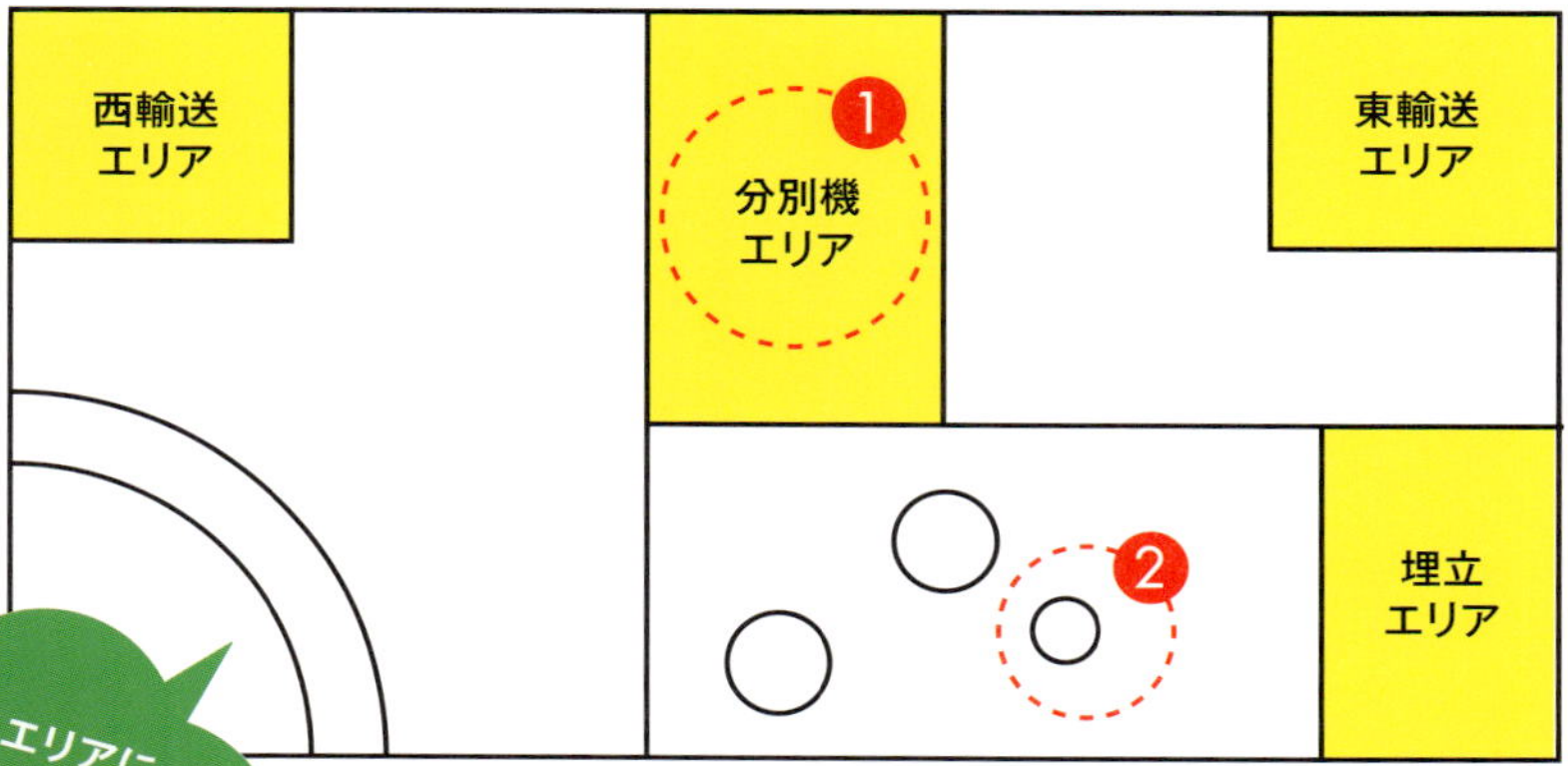

ベースエリアにロボットを置いて Start!

フィールドのサイズは横約2m40cm、縦約1m20cm

1ラウンド2分30秒。さまざまなミッションをクリアし、3ラウンドを行った中の最高得点が点数としてカウントされます。高得点をねらうには、時間内に数多くのミッションにチャレンジし、精確にミッションをクリアする必要があります。

たとえばこんなミッション!

ものを運ぶ
分別
MISSION 1
青と黄色の棒はリサイクル可能。
黒色の棒は不純物。
それぞれの棒(ゴミ)を
分別機で処理せよ!

MISSION 2
海にすむ生物を
ビニール袋がない安全な
場所(円内)に移動せよ!
清掃
ものを移動させる

プレゼンテーション競技 2

研究成果を発表する
3つのプレゼンテーション

FLLは3つのプレゼンに挑戦します。

問題解決の実行力が問われる「プロジェクト」、ロボット競技の戦略を発表する「ロボットデザイン」、チーム力が試される「コアバリュー」。

高得点をねらうには、十分な練習と、効果的な手法を考えることが必要です。

プロジェクト　テーマに基づいた研究結果の発表!

ゴミ問題や食の安全など、チャレンジテーマに関して調べ、その中から出てきた問題点を研究します。問題の着眼点や解決するためのアイデア、問題解決をするための実行力が問われます。

5分間
200
点満点

ロボットデザイン ロボット競技の戦略をプレゼンする!

戦略に合わせてロボットを組み上げていくので、チームによってデザインや機能は変わっていきます。ここでは、ロボット競技で高得点を出すための戦略やロボットの技術を発表します。

5分間 200点満点

コアバリュー チームワークの良さを楽しくアピール!

大会に向けて、だれがどのような役割を分担し、どのようにチームが成長し、逆境を乗り越えてきたのかなど、チーム力が試されるプレゼンです。演奏をしたりダンスを踊ったりするなど、表現方法はチームによってさまざまです。

10分間 200点満点

て世界に挑戦しよう！

毎年、8月末から9月上旬に、FLLの公式ホームページで
世界同時に、その年の「テーマ」が発表されます。
参加チームは発表されたテーマに基づいて活動をスタートします。

参加申し込みから世界大会までの流れ

8月末
テーマ発表

FLLは毎年8月末から
9月上旬にその年の
チャレンジテーマが発表されます。

9月上旬～12月
チーム活動開始

大会本番に向けて、チームで協力して
ロボット製作やプレゼンテーションの
準備をしていきます。

9月上旬
チームエントリー開始

FIRSTジャパンの公式ホームページから申し込みます。

FLL参加条件

1. 9歳から16歳の小中学生
2. チーム人数は2名から10名まで
3. メンター（チームの指導者）を1人つける

この3つの条件を満たせば
だれでも参加できます！

申し込み方法

参加申し込みフォームに必要事項を記入し、受付期限までに登録します。チーム登録料を振り込んだら登録完了。後日、「FLLミッションキット」が郵送されてきます。また、FLLの競技には「教育版レゴ マインドストーム EV3」が必要です。持っていない参加者は公式オンラインストアで購入してください。

▶84ページ参照

みんなでチームを作っ

2015年は、
過去最多の7チームが
日本代表として
世界大会に出場！

2月
日本大会
（JAPANオープン）

日本大会での上位数チームは
世界大会への出場権を獲得します。

4月
世界大会

日本大会の順位によって、
アメリカやオーストラリアなど
出場先が異なります。

12月
地方予選会
（東日本・西日本で開催）

地方予選会での上位チームは
日本大会への出場権を獲得します。

詳しくはWebをチェック！

FIRSTジャパン公式ホームページ
http://www.firstjapan.jp

※毎年テーマ発表後の9月頃からエントリーを受け付けています。

子どもたちの声 Voice

FLL2015日本大会に出場したチームのみなさんやOBの方に
FLLに参加してよかったこと、印象に残ったできごとについて聞きました。

チーム一丸となって、問題を乗り越えていくことが楽しい!

S.Hさん（中1）

大学のAO入試では、FLLのような教育機会の重要性を含め、国内大会や世界大会を経験しながら自分自身が学んだこと、それを生かして今後どのような研究活動をしたいかを、たっぷり語ることができました。そして慶應大学総合政策学部に合格することができました。私に何事にも果敢にチャレンジできる力と、自信をくれたのがFLL活動です。

O.Sさん（高3／OB）

OB

世界大会に出場し、世界中の人々と交流できたことが良い経験に!

K.Kさん（中2）

チームをまとめ、指示を出すことの難しさを学びました。たとえば、1年生はプレゼンやロボットの未経験者なので一から教えないといけません。また、そのときに時間管理の大切さも学びました。

T.Yさん（中2）

プレゼンは将来自分の役に
立つものだと思うし、
今回学んだことで
いろんなことに
挑戦しようと思った。

J.W さん（中2）

右も左も
わからなかった僕を
仲間が丁寧に
アシストしてくれました！

T.A さん（小6）

人前で
発表できるようになり、
学校の授業にも
自信がつきました。

T.I さん（中3）

FLLに参加した

答えのない問題に
取り組むことで、
発想力や考える力が
身につきました。

Y.Oさん（小6）

自分たちのチーム自慢や
社会問題に関するプレゼンなど、
学校では学べないことが
体験できました。

E.Iさん（中2）

相手に伝える
技術が
アップします！

K.Uさん（中3）

記載されている学年は、2016年2月現在のものです。

保護者の声 Voice

FLLでの活動が、子どもの成長にどのような変化・影響を与えたのか、
保護者の方に聞きました！

学校では学べない貴重な体験！

今回、初めて出場するにあたり、チームの一員として迷惑をかけないかが、一番心配でした。FLL の活動と受験勉強が重なり、めまぐるしく忙しい日々を過ごす息子。それでも家に帰ってくると、「楽しかった!」と笑顔満面で報告してくる姿を見て、息子の成長を実感しました。プロジェクトの課題についてインターネットで調べたり、大学の先生たちに聞いたりしている姿勢は、まるで本物の研究者のようでした。この体験は、だれもができるものではありませんし、先生方や仲間のみんな、またそのご両親の方々に感謝しています。今後もこういった機会があれば、どんどん経験させてあげたいと思います。（H.I さん）

人前で話すことの苦手意識を克服！

FLL に参加してから子どもの言動や態度が大きく変わりました。最初に変化を感じたのは、宿題や次の日の通学準備などを親に言われなくても自分で動けるようになったことです。人前で話すことが苦手だったのですが、プレゼンの経験で克服できたことも、変化のひとつ。中学に入って、学級委員長に手を挙げたのも以前には考えられないことで、万事に前向きに考えるようになったと思います。世界大会では、英語でのプレゼンもチーム全員で堂々とこなすことができました。海外チームとの交流によって、たくさんの人種がいること、それでも話せば友だちになれること、語学の大切さも学んできたようです。（R.Y さん）

自主性を持って行動できる子に！

チャレンジテーマの「ゴミ問題」に取り組むことで、社会に目を向けるようになったと思います。地域の有価物を回収する際、「こういう部分が問題だなぁ」「こうなったらいいなぁ」と問題意識を持ち、分別やゴミを出さない工夫など、本当に小さなことですが自主的に取り組むようになりました。また、学校のクラスメイトにゴミ問題に関するアンケートをとるなど、周りの人の意見を尊重し、積極的に聞き入れるようになりました。大会本番で緊張で動けなくなってしまったとき、メンバーのみんなに声をかけていただき感動しました。学校では学べない経験を積むことができ、FLL に参加させて本当によかったです。（K.O さん）

CONTENTS

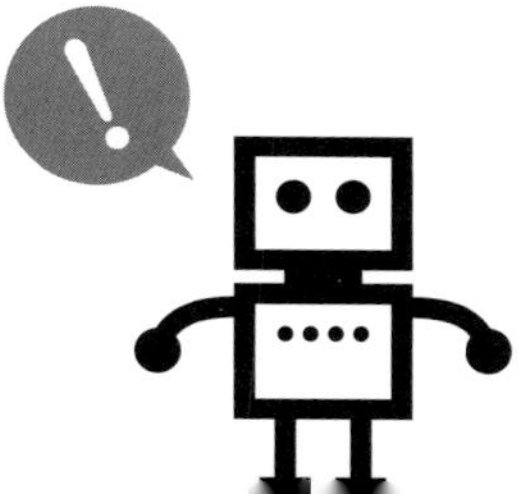

はじめに

２００２年秋。

私はビジネスパートナーでもある友人から、「鴨志田《かもしだ》さん、ロボット科学の教育をやっているなら、ちょっとおもしろいものがあるよ」と、あるロボット競技会を紹介されました。それがファーストレゴリーグ（ＦＩＲＳＴ ＬＥＧＯ Ｌｅａｇｕｅ：以下ＦＬＬ）だったのです。

「ＦＬＬ」とは、アメリカのＮＰＯ法人「ＦＩＲＳＴ」が１９９８年に企画した９歳から15歳（現在は16歳）の小中学生を対象としたロボット競技会のこと。全米で大流行し、その後、オランダやドイツ、北欧でも開催されるようになり、徐々に世界中に広がりつつありました。

私が知った２００２年の段階では、まだアジアでＦＬＬの大会は行われていませんでした。そのため日本でのＦＬＬの認知度は低く、インターネットから得られる情報だけでは足りませんでした。さっそくレゴの本社から資料を取り寄せたものの、「こりゃ、すごい大会が世の中にあるものだ」と、どこか他人事《ひとごと》でした。なぜなら、まさか自分が日本国内の主催者になるとは夢にも思っていなかったからです。

ＦＬＬを知ってから数か月が経《た》ったころ。日本でレゴの教材を開発・販売する「レゴエデュケーション」のマネージャーが代わり、新しいマネージャーを紹介されました。彼はとても背が高く、日本語よりも英語の方が得意なのではと思われるような、日本人離れした人物でした。

彼は私に会うたびにＦＬＬの教育的すばらしさを説き、あるときはパワーポイントを駆使し、あるときはインターネットにアップされた大会の動画を見せながら、私に日本国内の主催者にならないかと誘ってきました。知識としては、ＦＬＬがどれだけすばらしい競技会なのかは理解していましたが、あまりにも壮大な大会で私では力不足だと思い、「とてもじゃないが、私が日本で開催するなんてムリムリ」と断り続けました。

それでも私を口説き落とすことをあきらめません。彼は、「それでは、世界大会を見にいきま

会場には参加国の国旗がズラリと並び、国を代表して戦う子どもたちの熱気で溢れ返っていました。

せんか」と、アメリカのアトランタで行われるＦＬＬの世界大会に私を招待してくれました。

２００３年の春。私は、勝手に私の心の師と思っている東大名誉教授の石田晴久先生に同行をお願いし、アトランタのセントジョージアドームを訪れました。

セントジョージアドームは、アメリカの４大スポーツのひとつ、アメリカンフットボールのナショナルフットボールリーグ（ＮＦＬ）の試合が行われるとてつもなく大きな体育館です。そこに、全米から集まったチームと、世界20か国からの代表チームが集まっていました。

選手入場のオープニングセレモニー。大きなＢＧＭと会場を盛り上げるＭＣ。各国の国旗を高々とあげてチームが入場してくる様は、まるでオリンピックの開会式のようで、私は感動と興奮で全身に鳥肌が立ちました。

「鴨志田さん、これはまたすごい大会ですねぇ」

石田先生も初めて見るＦＬＬの大会に感嘆しているようでした。

ＦＬＬの大会概要は後の章で述べますが、その教育的価値の高さや競技会自体の質の高

FLL 世界大会の「ロボット競技」の様子。時間内にミッションを多くクリアしたチームが勝ち！

さ、世界中でサポート体制が作られようとしている大きな波……。そして何よりもＦＬＬに参加している子どもたちの嬉々《きき》とした表情に大いに感銘を受けました。

「石田先生、この大会を日本に持ってきたいと思うのですが、いかがですか？」

すると石田先生は間髪《かんはつ》をいれずに、「おもしろそうですねー。いいですねー。楽しみですねー」と、いつもの優しい笑顔で答えます。石田先生はさらに続けて、「だけど、こんなに大きな大会を鴨志田さんが主催できるのですか？　資金も相当集めないと、鴨志田さん自身がお金を負担しないとならないですよ」と、ＦＬＬ日本開催の実現の難しさも指摘してくれました。

実際に、翌年に初の日本大会を東京で開催しましたが、開催して数年は資金の持ち出しが続き、けっこうつらい思いもしました。しかし、ＦＬＬを日本国内で開催することは意義のあるものだと信じ、あれよあれよという間に２０１４年2月に東京工業大学で開催された「ＪＡＰＡＮオープン」が、国内開催10周年記念大会になりました。

10年前にＦＬＬに参加した子どもは大学生となり、今ではＪＡＰＡＮオープンでボランティアとして審査委員や会場スタッフとして手伝ってくれています。大変なことはたくさんありますが、今振り返ってみると、ＦＬＬを日本に持ってきて本当によかったと思っています。

そして２０２０年には、東京オリンピックが開催されます。私はそれに向けて、ＦＬＬ世界大会を日本で開催したいとＦＩＲＳＴ本部に打診しています。

夢は、東京オリンピック年に世界数十か国の子どもたちを集め、ロボットオリンピックならぬ「ＦＬＬ世界大会」として日本で開催

授賞式で、入賞したチームにはレゴブロックで作ったトロフィーが審査員から贈呈されます。

すること。そこで日本のチームが優勝を勝ち取ること！

実現できるかできないかはさておき、まずは多くの人にＦＬＬを知ってもらうことから始めていこうと思っています。

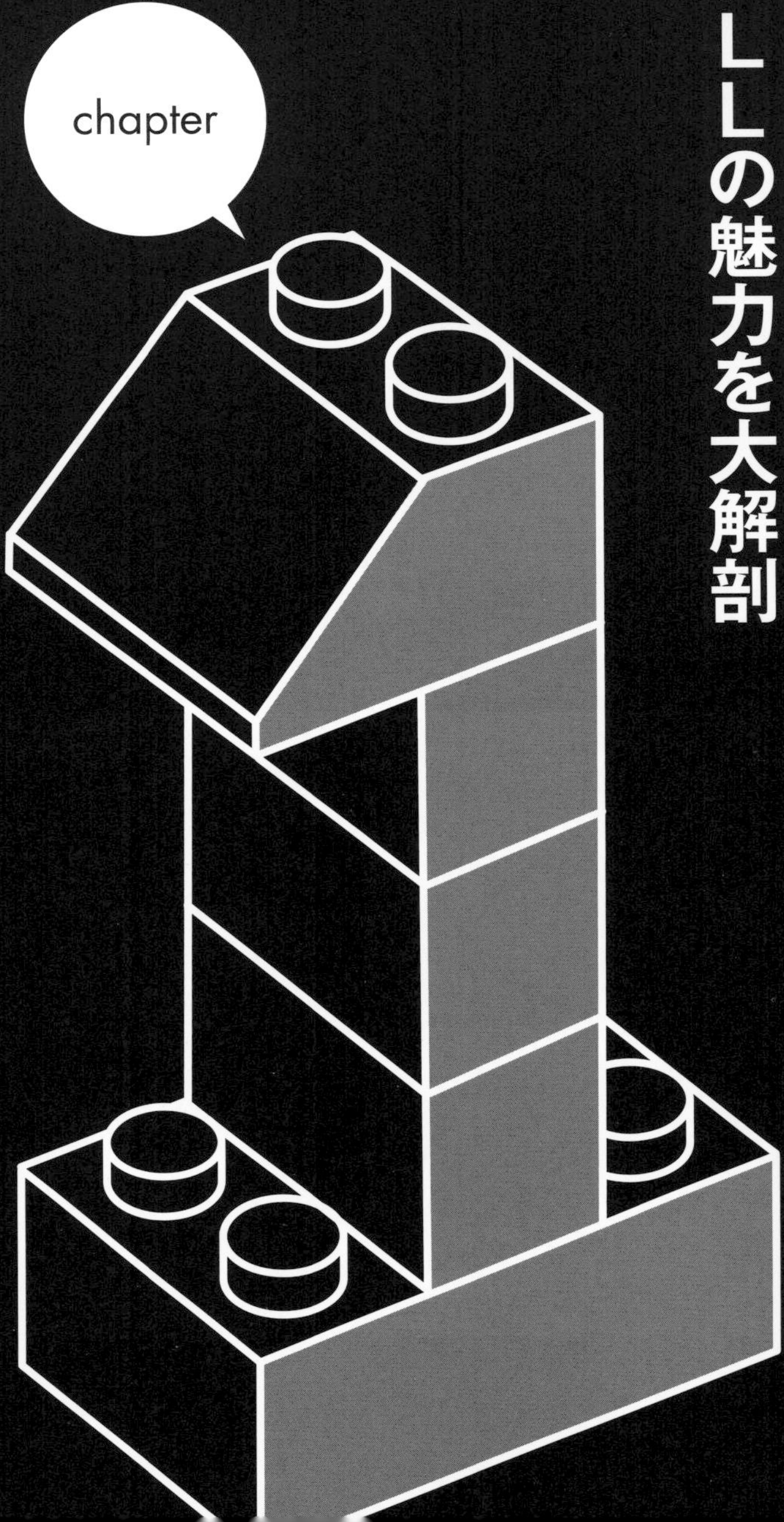

子どもと社会をつなぐ
FLLの魅力を大解剖

ロボット技術を駆使して社会が直面する問題の解決に取り組む

世界各国の子どもたちが参加する世界最大級のロボット競技

ファーストレゴリーグ（以下ＦＬＬ）とは、アメリカのＮＰＯ法人「ＦＩＲＳＴ」社が１９９８年に企画した、９歳から15歳（現在は16歳）の小中学生を対象としたロボット競技会です。

１９９９年に第１回の大会が行われたときは参加チーム９７５、参加者９５００人と小規模なものでした。それが、私が日本で初めて開催した２００４年には全世界で参加チーム５８５９、参加者５万人と約50倍にもなりました。２０１５年には、その数は参加チーム２万７０００チーム、参加者27万人、世界80か国にまで成長しました。

「ＦＬＬ」がここまで急速に広まった理由はなんだったのでしょうか。

それは、各国の教育関係者たちが、ＦＬＬの教育的価値の高さに魅了されたからだと私は考えます。では、具体的にどの点が優れているのか。

この章では、ＦＬＬの魅力を紹介していきましょう。

科学技術に対する興味・関心へとつながる学習体験

みなさんは、「ロボット競技会」と聞くと、どのような大会を思い浮かべますか？　多くの人は、「ロボット同士が格闘技のように戦う」「スポーツのルールに則った試合を行う」「大会ごとに設定された課題をクリアする」などをイメージするのではないでしょうか。かくいう私もＦＬＬを知るまではそうでした。しかし、ＦＬＬはロボット自体が動く競技だけを評価するものではありません。

ＦＬＬの「ロボット競技」の魅力は大きく分けて２つあります。

2015年のミッションは「ゴミ問題」

フィールド上には、「ゴミ問題」に関するミッションがいくつかセットされています。写真は、ロボットがゴミ処理場で発生するメタンガス（輪っか）の回収作業をしているところです。

ひとつ目は、競技の内容が「現実に世界が直面している問題」のテーマに基づいたミッションであるという点です。

たとえば２０１５年のミッションは「ゴミ問題」でした。子どもたちは自律型のロボットを駆使し、使える資材と使えない資材を分別したり、ゴミ処理場で発生するメタンガスを回収したりします。ほかにも、海辺に散乱しているビニールゴミを取り除き、そこにすむ海洋生物をレスキューするなど、フィールドに用意されたさまざまなミッションを、決められた時間内にクリアしていくというルールで得点を競います。

このように、ＦＬＬに参加する子どもたちは単にロボット技術だけを競うのではなく、ロボット技術を駆使して、実際に社会が直面する問題をどう解決するのかを考えることができるのです。

この経験は「何のために学ぶのか」という学習の目的を子どもたちが理解するいい機会になります。

「こんな公式知らなくたって生きていける」「なんのために勉強しているの？　テストで良い点を取るため？」という学習に対する疑問を、「社会問題を解決するために今努力している」「住みやすい世の中、幸せな世界を作るために必要な学習」ととらえてくれることを目的として、ロボットミッションが作られています。

ミッションのテーマは全世界共通です。つまり、同年代の子どもたちが何十万人も同時に世界各国で同じ課題に取り組むことが、ＦＬＬのロボット競技の強みなのです。

「教育版レゴ マインドストーム EV3」で自律型ロボットを組み立てる

世界共通のパーツでも、チームごとにロボットの形状が異なる!?

「ロボット競技」の2つ目の魅力は、ロボット製作に使えるパーツが世界共通で限定されているということ。具体的には、レゴ社の提供する「教育版レゴ マインドストーム EV3」で、指定されたパーツ以外は使用できません。

共通のロボットパーツで競うということは、パーツの良し悪しや、「コントロールボード」の優劣で得点に差はつかないということ。たとえば、なんでも好きなだけ使ってもいいというルールにした場合、パーツの入手が困難な国や子どもたちの環境、また、予算が潤沢にあるチームと、そうでないチームとの差が、そのまま競技の得点に反映されてしまいます。それでは公平性に欠けてしまうのではないでしょうか。

ＦＬＬでは使用パーツが世界共通で決められているので、得点の差は子どもたちの創意工夫、知恵と知恵のぶつかり合いから生まれます。

事実、同じ共通のロボットパーツを使用しているにもかかわらず、ＦＬＬに参加しているチームが持ち込むロボットはまったく違います。

それぞれのチームが、ロボットミッションをどのようにクリアし得点を取っていくのか、その戦略に合わせてロボットを組み上げてくるので、チームのカラーがロボットに表れます。同じ競技を戦うのに、こんなにもロボットのデザインが変わるのです（34ページ参照）。

つまり、ハード（ロボットパーツ）の優劣ではなく、子どもたちの創意工夫、知恵と知恵のぶつかり合いで得点に差が出るのが、ＦＬＬのロボット競技の魅力なのです。

もちろん、ロボットに組み込まれるプログラミングもチームによって変わります。同じ作業をするロボットであっても、そのアプローチの仕方や、作り上げたパーツの形などでプログラミングは変わっていきます。

どんなロボットを作るかは、チームの戦略によって変わる！

子どもたちは、規定のロボットパーツやセンサーを使ってロボットを組み立て、パソコンでロボットを制御するプログラムを作成し、自動的に動くロボットを作ります。フィールド上に用意された複数のミッションを、どんな順序で、どのように攻略していくかによって、ロボットの形やデザインプログラムは変わります。

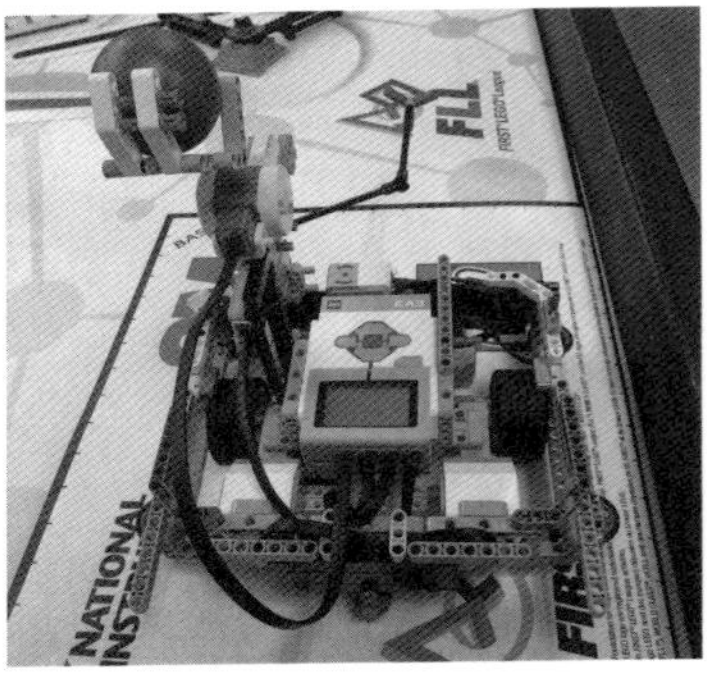

ロボットの動きを制御して、ものを持ち上げたり、ものを運んだりできるようにします。

アタッチメントを上手に使いこなしてロボットを強化する

ロボットは「ベース」となる動くロボットと、「アタッチメント」と呼ばれる、それぞれのミッションを攻略しやすくするための着脱可能なパーツを使います。どんなアタッチメントを作り、どのように使うのかも、チームの戦略によって大きく異なります。

POINT
すばやく
アタッチメントを
取り替えることが
重要！

2015年のJAPANオープンでは、ロボット競技の得点が100点のチームから800点越えをするチームまでいました。同じテーマ、同じルール、同じロボットパーツで同じ期間活動しても、これだけの差がつくのがFLLのロボット競技。

創意工夫、知恵と知恵の戦い、トライ&エラーなどなど。アメリカのFIRSTの創始者ディーン・カーメン氏は、このロボットの大会を「MIND SPORT」だと表現します。FLLにのぞむ子どもたちは、まさに「頭脳のスポーツトレーニング」をたくさんしているのです。

社会問題を解決する科学的手法を探る「プロジェクト」プレゼンテーション

ロボット競技だけでなくプレゼンも審査の対象になる！

先述のロボット競技の奥深さもさることながら、私が一番びっくりしたことは、世界が実際に直面している社会問題を研究し科学的な解決方法を探り、それをプレゼンすることです。ＦＬＬでは、「プロジェクト」と呼ばれる競技のひとつです。

つまり、ＦＬＬではロボット競技の点数だけで勝者を決めるのではなく、科学的なテーマに関して自分たちの考えをプレゼンテーションする必要もあり、ロボット競技と同等の評価を受けるのです。

ある年は「自然災害」に関して、またある年は「身体にハンデを背負った人や高齢者が安心で快適に暮らせる社会」に関してなど、現実に社会が直面する課題について子どもたちが調べ、学習し、考えをまとめ、その道のプロフェッショナルである審査員の前で研究結果を発表します。相手が本物だからこそ子どもたちも本気です。

「Ｍｉｓｓｉｏｎ Ｍａｒｓ」と題された、宇宙に関する問題が「テーマ」のときのことです。アメリカのある参加チームは「火星探査ロボットの詳細を知りたい」と、直接ＮＡＳＡに質問状をメールで送りました。数日後、ＮＡＳＡの研究者から回答書が送られてきたそうです。質問状を送った子どもたちは本当に回答が来るとは思っていなかったので、大いに喜びました。

普通に学校で学んでいる子どもたちにとって、ＮＡＳＡの最先端で研究している人に直接話を聞くチャンスはそんなに多くないでしょう。

子どもたちはさらに深く知りたいと思い、その後何通もメールを送り、ＮＡＳＡの研究者はそのメールに丁寧に返事を書いてくれました。

何通目かのメールを子どもたちが送った翌日、「メールでは伝えにくいことも多いから直接ＮＡＳＡに来てください」という返事が届きました。子どもたちはたくさんの質問をリストアップしてＮＡＳＡを訪問し、研究者から丁寧にレクチャーを受けました。

その結果、彼らのプレゼンテーションはプロの審査員をうならせるような内容で高評価を勝ち取りました。

その道のプロに直接話を聞くことで、よりリアルな解決策が生まれる

アメリカだけの話ではありません。日本でＦＬＬの大会を開催するようになって3年目、テーマが「Ｎａｎｏ Ｑｕｅｓｔ」で、「ナノテクノロジー」に関する調査研究だったときのこと。ロボットというと、男の子にばかり人気があり、女の子の参加者が少ないのが日本の現状でした。しかし、この年は女の子だけで編成されたチームが参加しました。

ナノテクノロジーが現在どのようなものに使われていて、使われているのといないのでは、どのような違いがあるのかを彼女たちは研究しようと考えました。

彼女たちが研究対象にしたのは「化粧品」。さすが女子チーム！ 彼女たちは実際に化粧品会

社にコンタクトをとり、「ナノテクノロジーを化粧品に使用するとどのような効果があるのか」を実際の研究者にインタビューすることに成功。彼女たちのプレゼンテーションは女子目線で研究されたすばらしいものでした。男の子チームでは思いもつかないテーマに、審査員からも高評価でした。

このように、ＦＬＬは単なるロボットの競技会にとどまらず、実社会が直面している科学テーマに子どもたちが果敢に挑み、現実にその道で研究している人から話を聞き、「科学技術」は自分たちが今生きている社会に実際にどう使われていて、今後どのようになっていくかを知ることができるのです。

そんな実体験ができるＦＬＬだからこそ、世界各国の教育関係者から支持されているのだと思います。

ＦＬＬの活動プロセスを評価する「コアバリュー」プレゼンテーション

チームの一員として、どのように関わり貢献できたかを審査

ＦＬＬで必須とされるプレゼンテーションは、「プロジェクト」だけではありません。参加する子どもたちに課せられるのは、このほかに、「コアバリュー」と「ロボットデザイン」（45ページ参照）があります。

「コアバリュー」とは、ＦＬＬの中で最もＦＬＬらしい課題です。

ＦＬＬのその年のテーマは、毎年8月末から9月上旬にかけてホームページ上（日本では、ＦＩＲＳＴジャパンの公式ホームページ）で全世界同時に発表されます。そこから3か月の間、チームでロボット競技の準備、テーマに沿った研究とプレゼンテーションの準備が行われます。

「コアバリュー」では、この3か月間の子どもたちの活動を評価します。参加する子どもたちはこの3か月間どのような活動をしてきたのか、チームワークを高めるためにどのような工夫があったのか、チームの構成員一人ひとりがどんな役割を担ってきたのか、チームメンバーはそれぞれを尊重しあい、時として食い違う意見をどのようにまとめてきたのかなど、3か月間の活動を発表するのです。

ロボット競技ではともすると、その試合での得点だけが重視される傾向にあります。私はそのことを否定するつもりは一切ありません。しかしそこに至るまでの子どもたちの努力や活動内容をも尊重しようという姿勢が、FLLにはあるのです。

中学生だけで構成しているチームもあれば、チーム構成員が小学校3年生から中学3年生までと幅広い年齢であるチームも少なくありません。ただロボット競技当日に高得点が取れればよいのだという考えであるなら、ロボット製作に長《た》け、プログラミング能力に長けた中学生だけでチームを構成すれば優勝は近くなるでしょう。しかし低学年のメンバーと高学年のメンバーがお互いを尊重しあい、ひとつのプロジェクトに向き合う。このような体験も子どもたちの成長には必要なのではないでしょうか。

チーム全員が楽しんでプレゼンすることが重要！

「コアバリュー」のプレゼンテーションの際に、チームワークの良さをアピールするためにダンスを踊ったり、歌を歌ったり、または寸劇を披露したりと、そのアピールの仕方はチームごとにバラエティーに富んでいます。

ときとして、審査員から「活動中にケンカは起きませんでしたか？」なんて意地悪な質問も飛びます。さらに、「チームの一員として疎外感を抱いたことはありませんでしたか？」という質問までもあったりします。

そんな厳しい質問に、子どもたちはその場で返答をしなければなりません。模範解答はありません。活動の中で、子どもたちが実際に経験したこと、問題を解決した事実、できなかった事実、疎外感を抱いたのか抱かなかったのか、もし抱いた場合はどのように対処したのかなど、審査員が知りたいのは、チームのメンバーが3か月間それぞれの役割を全うし、お互いがお互いを尊重しあい、チームとしてFLLの大会にのぞんできたかどうか。そしてチームがその3か月間でどのように成長してきたのかが、評価の基準のひとつなのです。

わずか5分間のプレゼンテーションですが、子どもたちにとって活動のプロセスを顧みる良い機会となっており、将来社会に出たときに、きっと生きる経験となるだろうと思います。

コアバリュープレゼンテーションの審査基準

審査員はココを見ている！

コアバリューは、直訳すると「核心的価値」という意味で、FLL ではチームが行動する基盤となるものを、さまざまな角度から審査して採点します。下記は、2015 年の JAPAN オープンで実際に使われた審査基準の一部です。

発見

FLL の 3 つのチャレンジ「ロボット競技」「プロジェクトリサーチ」「コアバリュー」への力の入れ具合を審査します。

✕ ひとつのチャレンジのみに力を入れている

〇 3つのチャレンジに力を入れている

チーム精神

チームのアイデンティティと熱意、それを表現する力を審査します。他者を巻き込むアクションができればさらに Good ！

✕ 熱意がまったくなく、アイデンティティも感じられない

〇 チームの熱意と楽しさが他者も巻き込んでおり、アイデンティティも明瞭

子どもたちの役割

チームの責任とメンターの指導のバランスが適切かどうかを審査します。大人が介入しすぎるのは NG ！

✕ チームの責任が限定的でメンターの指導が過度である

〇 メンターの指導が最小限でチームが自立している

統括

チームメンバーの取り組みのバランスと、メンバーの貢献度に対する配慮と感謝があるかを審査します。

✕ メンバーの取り組みのバランスが悪く、貢献に対する感謝が足りない

〇 バランスよく取り組めており、メンバー全員の貢献に感謝している

自分たちの「核」となるものを持ち、チーム全員が楽しんで発信しているかを注視しています。自分たちの魅力をアピールする手段として寸劇をやるチームもいれば、楽器を演奏するチームも。子どもたちの表現方法には毎回驚かされています。

FIRST ジャパン理事
中里さん

高得点を出す戦術やロボットの技術を評価する「ロボットデザイン」プレゼンテーション

実際にロボットを動かしながら、自分たちの戦術や技術を披露する

さて、FLLの3つのプレゼンテーションのひとつ、「ロボットデザイン」とはどういうものでしょう。

このプレゼンテーションでは、実際に競技フィールドで動かすロボットをどのように作ってきたのか、そして与えられたミッションをどのようにクリアするのか、その戦略について審査員に説明します。

競技フィールドにロボットを置き、このミッションは「○○○をクリアするためにロボットには○○○というプログラムを組み、○○○のような構造のメカをロボットにつけた」というよう

実際に競技で使用するロボットを使って、ロボットミッションの攻略法を審査員にプレゼンします。

に、実際の競技の前に、創意工夫して作ってきたロボットと、ミッションクリアの戦略を審査員に説明するのです。

そして審査員たちは実際のロボット競技を見て、プレゼンテーションどおりにロボットが動いたか、ミッションがクリアできたかを審査します。

このプレゼンテーションを審査する意図はどこにあるのでしょうか。

ロボット競技とはおもしろいもので、試合本番直前までクリアできなかったミッションがどういうわけか試合本番でクリアできてしまったりすることがあります。

たとえば、「人間型ロボットが、でこぼこした道を歩いて、転ぶことなくゴールに到達する」というミッションで、今まで何十回何百回と試しても一度も転ばずにゴールしたことのないロボットが、いざ試合本番で転ぶことなくゴールするなんてことも。なぜ転ばずにゴールできたのか、ロボット製作者本人ですらわかりません。なぜかうまくいってしまったという不思議さ。これはこれで科学の進歩には決して悪いことではありません。成功は成功なのです。

しかしFLLでは子どもたちの成長を重要視しています。いつもできているのに本番ではできなかった。逆に、今まで一度もクリアできなかったミッションがたまたま本番ではできた。そういう偶発性で高得点が取れたり取れなかったりという、子どもたちの努力とは別の要因で上下する得点。もちろん、ロボット競技の得点はこの偶発性による点数で評価されます。

その偶発性による子どもたちの努力の評価を補完するのが、この「ロボットデザイン」プレゼンテーションなのです。努力を評価してくれるFLL。子どもたちにとってこのプレゼンテーションは必要なものなのです。

FLLがチャレンジしてきた テーマ

FLLのテーマは毎年変わります。
プロジェクトやロボット競技の
ミッションも、
このテーマに合わせて作られています。
ここでは、2015年から
2005年までの「テーマ」をまとめて
紹介します。

2015

Trash Trek

［ ゴミ問題に関するプロジェクト ］

Mission

毎日排出される大量のゴミ。特定のゴミに焦点をあてて研究を進めてください。削減するには？ 再利用するには？ 処理の方法は？ 革新的な方法を創造し社会に発信してください。

2013

Natuere's Fury

［ 自然災害に関するプロジェクト ］

Mission

自然災害は私たちの生命・生活に大きなダメージを与えます。自然災害を予知するには？ 人々の安全を確保するには？ 被災地を復興させるには？ 革新的な方法を探索し提案しましょう。

2014

Learning Unleashed

［ 新しい教育に関するプロジェクト ］

Mission

未来の教育について考えましょう。10年後、20年後、学校はどうなっているのだろうか？ 21世紀において最も効率の良い学習法は？ チームで革新的な方法を創造し社会に発信してください。

2011

Food Factor

[食の安全に関するプロジェクト]

Mission

食の安全の確保は、私たちの健康を守るために極めて重要です。特定の食材に注目し、その作られ方や流通について調べ、食の安全や質を向上させるアイデアを提案しましょう。

2012

Senior Solutions

[高齢者問題に関するプロジェクト]

Mission

高齢者が自立・社会参加・地域参加をすることで生活の質を維持、向上させるためにはどうしたらよいのでしょう。現在の社会が抱えている問題点や解決策を考え、提案してください。

2009

Smart Move

[交通問題に関するプロジェクト]

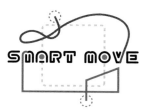

Mission

テーマは交通問題。興味のある交通輸送機関をひとつ選び、それに特有な問題、または世界共通の交通問題の革新的な解決策を導き出し、他者と共有しましょう。

2010

Body Forward

[人体に関するプロジェクト]

Mission

人体に起こり得る問題を特定し探求してください。楽しく健康な生活を実現するために、ケガの治療・遺伝的な健康問題の克服・身体能力向上の新しい方法を見つけましょう。

2007

Power Puzzle

［ エネルギーに関するプロジェクト ］

Mission

地球上で毎日大量に使われているエネルギー。自然や経済、生物たちにも大きな影響を与えています。現代から未来にかけて最も良いエネルギーの消費・生産の方法を探してください。

2008

Climate Connections

［ 異常気象に関するプロジェクト ］

Mission

自分たちの住む地域の気象問題について調査し、その原因を究明して、解決策を見つけてください。また、別の地域についても同じように調べ、他者と共有しましょう。

2005

Ocean Odyssey

［ 海に関するプロジェクト ］

Mission

地球の母なる海について、私たちはまだまだ知らないことがたくさんあります。海について調査し、地球環境を改善し、資源を有効活用できるような革新的な解決策を創造してください。

2006

Nano Quest

［ ナノテクノロジーに関するプロジェクト ］

Mission

時代はミクロの世界からナノの世界へ変化しつつあります。ナノテクノロジーを研究し、医療・コンピューター・環境などを改善するアイデアを提案してください。

chapter

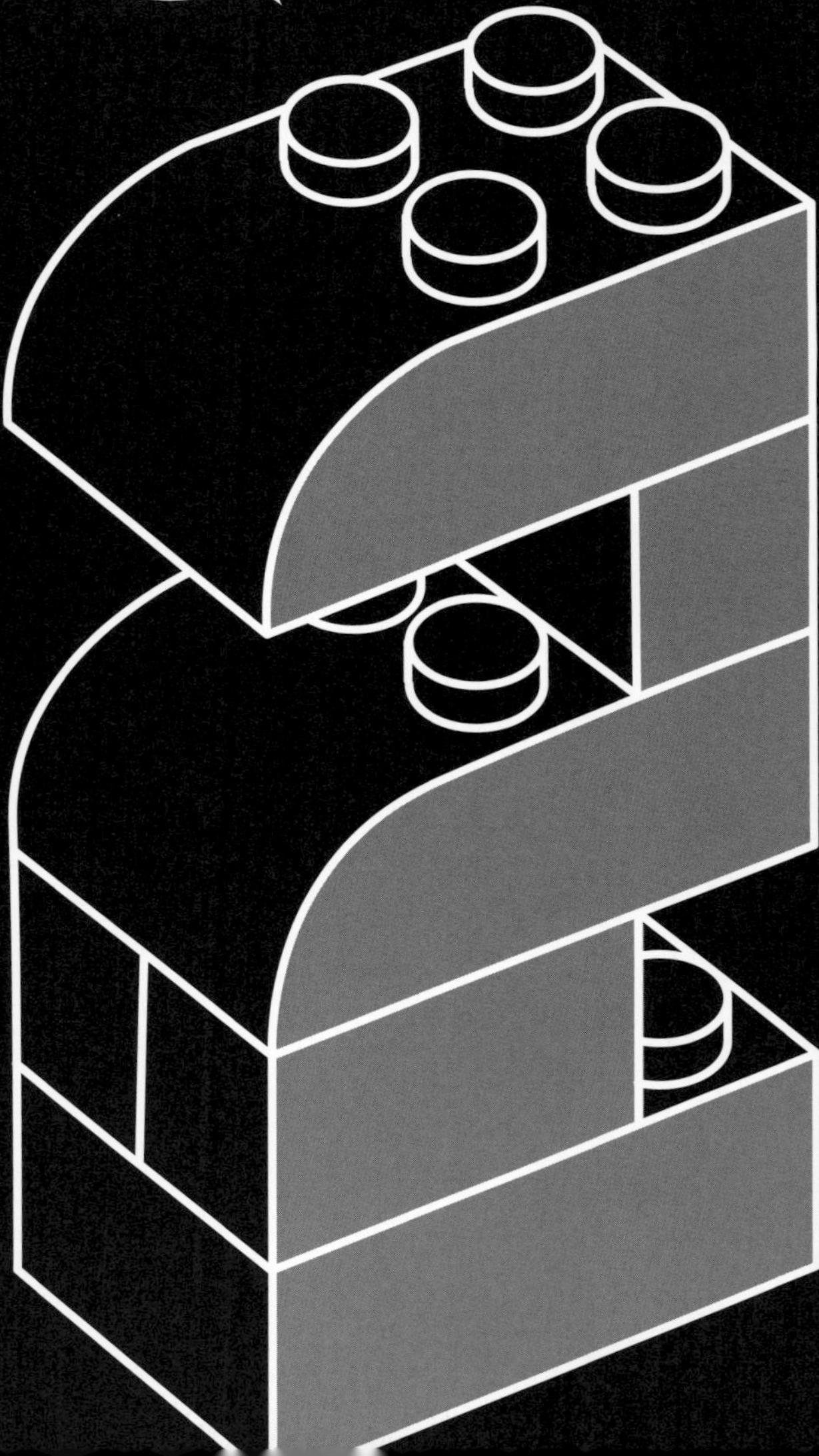

学校では体験できない！
ＦＬＬが与える教育効果

次世代を担う子どもたちの「考える力」に刺激を与える

世界大会は世界の人や文化と触れ合うチャンス

毎年8月末から9月上旬に全世界同時にその年の「テーマ」が発表されます。テーマの公開後、参加チームは約3か月をかけてテーマに基づいた活動をし、毎年12月に世界各国で開催されるFLLトーナメントへ参加します。日本では12月に地方予選大会が行われ、2月に「JAPANオープン」として全国大会が行われます。

この各国のFLLトーナメントに勝ち抜いたチームだけが、世界大会に出場できるのです。日本国内ではプレゼンテーションは日本語で通用しましたが、世界大会では英語でプレゼンテーションをする必要があります。まさに次世代にグローバルで活躍する人材の育成につながります。日本では、毎年3、4チームが世界大会に出場しています。過去には、世界で準優勝を勝ち取った日本チームもいます。

FLLのミッションと子どもたちのミッション

FLLの使命は、9歳から16歳の子どもたちに、ハンズ・オン教育手法による「体験的な取り組み」と「教育」を組み合わせたプログラムを体験してもらい、「科学技術」に対する興味・関心へとつながる「感動」を学習経験として与えていくことです。加えて、子どもたちに不足していると思われる「ひとつの事象について深く考え、課題に取り組み、解決していく」という機会を提供し、次世代を担う子どもたちの「考える力」に刺激を与えていくこともその使命のひとつです。

FLLは、自分たちの目線で科学技術というものを前向きにとらえていけるように、次に挙げる4つの活動を分担し、行動するプログラムを用意しています。

１　人工知能のプログラミングの作成

毎年与えられる「テーマ」に基づいて、「ロボットデザイン」のミッションが発表されます。子どもたちはロボットを製作し、競技をこなせるコマンドをプログラミングします。自分たちの作ったプログラムで決められたフィールド上のミッションが克服できるかを、何度も実験・検証していき、試行錯誤を繰り返します。

２　競技用ロボットの組立・製作

プログラムしたロボットが、イメージどおりにきちんと動くには、メカ製作も重要になります。デザイン・機能は戦略によって変わっていくため、各チーム異なったものになります。各チームは、相談・改良を繰り返し、高性能なロボットに仕上げていきます。子どもたちの斬新な発想や多種多様な創意工夫が必要となります。

3 プロジェクトリサーチ

毎年世界が実際に直面している科学的テーマが指定され、そのテーマに基づいた科学研究発表が求められます。調査・情報収集の方法には、インターネットを活用したり、図書館で資料を探したり、専門機関・公共施設などへヒアリングを行うなど、さまざまな方法があります。プレゼンテーションをするには、発表用の資料を整え、十分な練習のうえ効果的な手法を考えなければなりません。

参加選手の控え室は、プロジェクトの研究結果を発表する場にもなっています。

4　コアバリュー

子どもたちは8月末から9月上旬に全世界同時に発表される「テーマ」について、数か月間共同研究をします。その活動の中でメンバーそれぞれがどのような役割を担い、メンバー同士が尊重しあい、数か月の活動期間でどのような成長を遂げたのかを審査員の前でプレゼンテーションします。

この4つの活動の中で、子どもたちは科学技術、プロジェクト学習、プレゼンテーション、チームワーク、コミュニケーション力を養うことができます。

「ものづくり」による教育と調べ学習・表現力の教育を組み合わせたプログラム

子どもたちが元来もつ「学ぶ」意欲を高める

ＦＬＬでは、毎年変わる研究テーマに今日世界が直面している難しい問題が選ばれています。子どもたちは数か月にわたり、そのテーマについて深く掘り下げて考えることになります。このプログラムは、次のような点で教育的な効果が高いと考えられています。

●「テーマ」に基づいたロボットの製作とプログラミング

この作業で、子どもたちは楽しみながら人工知能を持つロボットへのプログラミングの基本を学ぶことになります。この体験は、教えられる機会の少ない新たな学習であり、かつ、将来に役立つ大切な活動であると考えます。

●科学的なテーマに基づいた研究、発表の実行

この作業で子どもたちは多くの知らなかったこと、気づかなかったことを学び、現実に発生している問題に直面することになります。そしてチームで議論、吟味し自分たちでその解決方法や社会への提案を資料としてまとめ、複数の審査員の前でプレゼンテーションを行います。

自分の意見や考えを主張する力、および他者を説得する力。つまり「プレゼンテーション力」や「ディベート力」という能力は、ますますグローバル化が進む現代社会において最も重要な能力のひとつです。

ＦＬＬを通じて、子どもたちは本格的なプレゼンテーション資料の作成と、もっとも効果的なプレゼンテーションのやり方を学習してくことになります。

これからの時代を生き抜くために
必要なスキルや資質

1
科学的な思考に必要な資質

・推論
・観察
・分析
・検証

2
社会活動で重要となる資質

・チームワーク
・コミュニケーション力
・リーダーシップ
・集中力を継続する力
・継続する力

3
交渉力に通じる大切な資質

・論理的思考力
・プレゼンテーション力
・表現力

4
持っている知識を活用する

ひとつの事象を
深く掘り下げて
考える力

5
日々の生活の中で重要となる概念

・Plan（計画）
・Do（実行）
・See（分析・評価）
・Action（次の行動へ）

↓

FLLの活動で、幅広い知識や経験を積むことにより
着実にスキルが身につく

子どもたちは個々のレベルとペースで活動することで、これからの時代を生き抜くために必要なスキルや資質（59ページ参照）を磨いて成長していくことができます。私はこの「考える」、そして「行動する」ということが今の子どもたちにはとても大切だと考えています。受け身な学習になりがちな現代の子どもたちがこのプログラムに参加することで、自ら社会問題について考える機会を持てるのは非常に効果的であり、価値があります。

子どもたちの自然な好奇心や想像力は、未来の社会をクリエイトしていくうえで重要な資質です。活動期間中には、科学技術や未来にどのように関係していくのかということに思いをはせる子どもたち、科学技術のすばらしさに気づいてくれる子どもたち、また、科学への興味関心をさらに持ってくれる子どもたちなど、さまざまな子どもたちの姿が見られることでしょう。

ＦＬＬの最大の目的は、より多くの子どもたちに自分の未来を切り拓《ひら》く力を身につけてもらうことなのです。

実体験としてのこの経験は、非常に高い教育効果があると確信しています。ロボット製作という「ものづくり」による教育と調べ学習・表現力の教育を組み合わせたＦＬＬに参加することにより、子どもたちが元来持つ「学び」への意欲を高めてくれることを希望しています。

INTERVIEW

勝敗のカギをにぎるメンターに聞く!

FLLに参加するチームの多くは、ロボット教育や学校、地元のグループでチームを作っています。ここでは、FLLの常連チームや世界大会の出場経験を持つ強豪チームを率いるメンター（コーチ）4人にFLLの魅力を語ってもらいました。

1 チームをサポートするメンター

R-Robots

立命館高等学校
SSH推進機構長
鳥島裕之さん

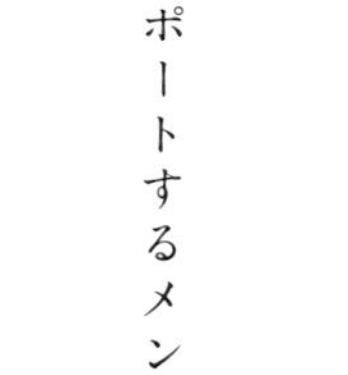

（チーム全員の力を結集して成果を出す）

ＦＬＬに出場するきっかけは子どもたちの要望があったからです。ロボットの知識や技術に関しては、私よりも子どもたちの方が今でも遥《はる》かに上。子どもたちの熱意に押されて、**初参加の２０１１年から連続で出場しています**。これまでに何度かＪＡＰＡＮオープンまで進み、それが子どもたちのよい刺激、原動力になっていますね。

いわゆる「ロボット競技」と呼ばれているものは、どちらかといえば個人のレベルによるところが大きいのではないかと私は考えています。そうなると、「ロボットを作りたい！」という意欲がある人が集まって

立命館中学校の生徒10人で編成された「R-Robots」。学校でもFLL活動でも、いつでも一緒のなかよしチームです。大会中はチームTシャツを着てチームの団結力をアピール！

も、一部の優秀な人だけで事足りてしまいます。

しかし、FLLで試されるものは、個人の突出したスキルではなく「チーム力」なんです。ロボット競技は、一部のメンバーの力だけでは乗り切れません。「フィールド」と「ミッション」を見渡し、チームで作戦を討議し、全員の承諾が得られて、初めて動き出すことができるのです。

チーム力が試されるのはロボット競技だけではありません。プレゼンテーションでも同じことがいえます。とくに「コアバリュー」と「プロジェクト」は**全員の協力なしには作り上げることができません**。

ここ数年でさまざまな経験を積み、今は全員で作り上げるパターンが確立しつつあります。そういった意味では「チーム力が上がった」と手ごたえを感じています。それでも、JAPANオープンで並み居る強敵と勝負するにはまだまだ力不足。来年も、再来年もチャレンジして、いつかチームで勝利をつかみたいと思っています。

「TOIN ROBOTICS Jr.」は小学生と中学生の混合チーム。2015 JAPANオープンの「コアバリュー」プレゼンテーションでは、プレゼンの場をニュース番組に見立て、自分たちの活動を熱くリポートしました。

2 チームをサポートするメンター

TOIN ROBOTICS Jr.

桐蔭学園
幼稚部・小学部教頭

松枝秀樹さん

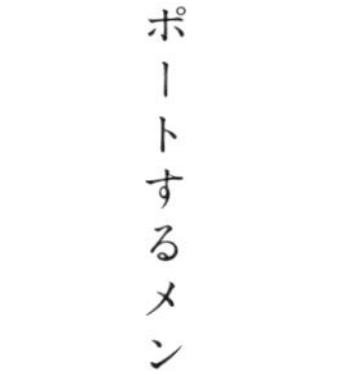

（未来を担う子どもに必須な教育メソッドである）

本校チームは、2005年大会より11年連続で参加しています。毎年の大会テーマは、科学的・社会的分野において多岐にわたり、観点も多彩。イマジネーションを大きく膨らませながら、**現実的な問題解決をめざすことは大変に高度な技術です。**

ここ数年、科学的テーマだけでなく、そこに社会問題や社会的な側面からの視点を求められるようになったことで、より現実的な提案が必要になりました。いかにその課題を解決するか、またその解決策の実現性や科学的根拠、専門的見解や見地からの検証など、より高度なレベルを

マイクを持って、メンバー全員にそれぞれ質問をしていきます。

求められるようになってきたように感じています。

この大会テーマの「プロジェクトリサーチ」によって、児童の問題解決能力や探究心、プレゼンテーション能力、そして、これらの能力を土台としたコミュニケーション能力は間違いなく磨かれていきます。テーマについて研究し、まとめ、発表を通じて、情報の処理、交換、共有を全世界的問題として扱い、取り組むことこそが、**まさに「グローバル教育」の入り口。これこそが、今求められているアクティブ・ラーニングの教育そのものです。**

このような点から、FLLは未来を担う子どもたちを育てるうえで、非常に有効な教育的意義を持つ活動であると考え、とらえています。このような活動こそ、これからの日本や世界が求めている教育の一面ではないでしょうか。実際に、本校小学部を卒業し、中学・高校や中等教育学校へ行き、模擬国連部に入った生徒が、この体験で培った力を発揮し好成績を収めています。

INTERVIEW

2015JAPANオープンで総合2位の「Challenge」と総合3位「Quest」のチームを率いるメンターの志村さん。写真は「Quest」チームのメンバー。

3 チームをサポートするメンター

FIRST FUJISAN Quest ／ Challenge

アイズアカデミー 代表取締役

志村裕一さん

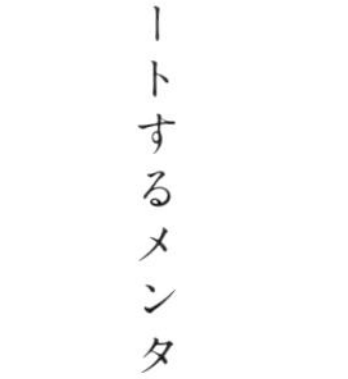

普通の子でもアイデアと努力しだいで世界をめざせる！

決まった答えのないことに対して時間をかけて深く考え、試行錯誤し、自分たちなりの解決策を創り出す。しかもチームで。このような経験は日本の教育の中では圧倒的に欠けている部分だと思います。

私個人としては、ロボット技術というよりも、子どもたちが将来どんな道に進んでも一番役に立つ、非認知能力（やり抜く力、意欲、忍耐力、自制心、メタ認知、社会性、リーダーシップ、回復力、創造性ｅｔｃ.）を伸ばす効果を期待しています。**ＦＬＬでは失敗から多くを学ぶことが**

両チームともロボット競技で700点以上の高得点を獲得し、本番でも実力どおりの結果が出せました。

できます。

また、私は子どもたちが世の中に出たときに役立つ思考方法として、よりシンプルに、より少ない資源（パーツ、時間など）で、よりわかりやすい戦略で物事を考えるように促しています。ロボット技術の大会として考えるとより複雑な機構とプログラミングになりがちですが、それとまったく逆のことを学べる大会でもあります。

幸いにも、７年間で７チームと共に、ヨーロッパ、アメリカ、アフリカの世界大会に出場することができました。**子どもたちにとっては一生の宝物になるすばらしい経験になります。**日本でもより多くの子どもたちがＦＬＬに参加し、新しい世界を作ってほしいと願っています。また、世界大会に出られなかった年であっても、広く視野を世界に向けて、世界のＦＬＬ仲間を意識しながら活動できるのは幸せなことでした。ＦＬＬを通して子どもたちは、自分も世界の一員なんだという意識を持つことができるでしょう。

4 チームをサポートするメンター

帝塚山α／帝塚山β

帝塚山中学校・高等学校
教諭

八尋博士さん

（チームで動くことの重要性を知る！）

市販の教育版レゴ マインドストーム EV3を使ったロボットに制限されているので、ロボット製作やプログラミングに慣れてない子も参加できます。また、本番のコースと同じフィールドも配布され、**本番を意識した練習が納得するまでできる**ところも、生徒の成長には欠かせないプロセスだったと思います。

FLLは、ただロボットを作るだけでなく、毎年変わる大会のテーマに沿って自分たちで調べ、その研究結果を発表しなくてはいけません。その活動を通して、生徒たちは**チームワークの大切さ**に気がつきます。このように、チーム全体で成長できるところがFLLの醍醐味だと思うし、FLLの良いところだと私は感じています。

人前で発表するのが苦手な子どもも、チームとして発表することが要求されるので、自己表現する力が身についてきました。パワーポイントを使った資料作りも、最初のころと比べて格段に上達。論理立てて説明する表現力もついてきました。

2015JAPANオープンで、コアバリュープレゼンテーション賞と石田晴久先生賞をW受賞した「帝塚山α」チームは世界大会へ進出！

chapter

新たな学びの授業
アクティブ・ラーニングの実践

ＦＬＬの活動そのものが、子どもたちに対するアクティブ・ラーニングになる

学ぶことと社会とのつながりをより意識した教育

現在（２０１６年４月）、日本の教育においてアクティブ・ラーニングという手法が徐々に取り入れられるようになってきました。アクティブ・ラーニングとは、教員による一方向的な講義形式ではなく、子どもたちの主体的な学びへの参加を取り入れた学習方法の総称です。

アクティブ・ラーニングの手法や考え方は文部科学省のホームページに掲載されています。

◉文部科学省ＷＥＢより抜粋

今の子供たちやこれから誕生する子供たちが、成人して社会で活躍する頃には、我が国は、

厳しい挑戦の時代を迎えていると予想されます。生産年齢人口の減少、グローバル化の進展や絶え間ない技術革新等により、社会構造や雇用環境は大きく変化し、子供たちが就くことになる職業の在り方についても、現在とは様変わりすることになるだろうと指摘されています。また、成熟社会を迎えた我が国が、個人と社会の豊かさを追求していくためには、一人一人の多様性を原動力とし、新たな価値を生み出していくことが必要となります。

我が国の将来を担う子供たちには、こうした変化を乗り越え、伝統や文化に立脚し、高い志や意欲を持つ自立した人間として、他者と協働しながら価値の創造に挑み、未来を切り開いていく力を身に付けることが求められます。

そのためには、教育の在り方も一層の進化を遂げなければなりません。個々人の潜在的な力を最大限に引き出すことにより、一人一人が互いを認め合い、尊重し合いながら自己実現を図り、幸福な人生を送れるようにするとともに、より良い社会を築いていくことができるよう、初等中等教育における教育課程についても新たな在り方を構築していくことが必要です。

(中略)

我が国の子供たちについては、判断の根拠や理由を示しながら自分の考えを述べることについて課題が指摘されることや、自己肯定感や学習意欲、社会参画の意識等が国際的に見て低いことなど、子供の自信を育み能力を引き出すことは必ずしも十分にできておらず、教育基本法の理念が十分に実現しているとは言い難い状況です。また、成熟社会において新たな価値を創造していくためには、一人一人が互いの異なる背景を尊重し、それぞれが多様な経験を重ねながら、様々な得意分野の能力を伸ばしていくことが、これまで以上に強く求められます。

こうした状況も踏まえながら、今後、一人一人の可能性をより一層伸ばし、新しい時代を生きる上で必要な資質・能力を確実に育んでいくことを目指し、未来に向けて学習指導要領等の改善を図る必要があります。

新しい時代に必要となる資質・能力の育成に関連して、これまでも、例えば、OECDが提唱するキー・コンピテンシーの育成に関する取組や、論理的思考力や表現力、探究心等を備えた人間育成を目指す国際バカロレアのカリキュラム、ユネスコが提唱する持続可能な開発のための教育（ESD）などの取組が実施されています。さらに、未曾有《みぞう》の大災害となった東日本大震災における困難を克服する中で、様々な現実的課題と関わりながら、被災地の復興と安全で安心な地域づくりを図るとともに、日本の未来を考えていこうとする新しい教育の取組も芽生えています。

これらの取組に共通しているのは、ある事柄に関する知識の伝達だけに偏らず、学ぶことと社会とのつながりをより意識した教育を行い、子供たちがそうした教育のプロセスを通じて、基礎的な知識・技能を習得するとともに、実社会や実生活の中でそれらを活用しながら、自ら課題を発見し、その解決に向けて主体的・協働的に探究し、学びの成果等を表現し、更に実践に生かしていけるようにすることが重要であるという視点です。

そのために必要な力を子供たちに育むためには、「何を教えるか」という知識の質や量の改善はもちろんのこと、「どのように学ぶか」という、学びの質や深まりを重視することが必要であり、課題の発見と解決に向けて主体的・協働的に学ぶ学習（いわゆる「アクティブ・ラーニング」）や、そのための指導の方法等を充実させていく必要があります。こうした学習・指導方法は、知識・技能を定着させる上でも、また、子供たちの学習意欲を高める上でも効果的であることが、これまでの実践の成果から指摘されています。

（出典：文部科学省〈初等中等教育における教育課程の基準等の在り方について〉）

これをもとに私が考えるアクティブ・ラーニングは次の通りです。

・日本の伝統や文化に立脚し、高い志や意欲を持つ自立した人間として、他者と協働しながら価値の創造に挑み、未来を切り拓いていく力を持った人に育つ。

・一人ひとりが互いを認め合い、尊重し合いながら自己実現を図り、一人ひとりの可能性をより一層伸ばし、新しい時代を生きるうえで必要な資質・能力を持った人に育つ。

・「学ぶこと」と「社会とのつながり」を意識した教育プロセスを通じて、基礎的な知識・技能を習得する。そして、実社会や実生活でもそれらを活用しながら、自ら課題を見つけ、その解決に向けて主体的・協働的に探究し、「学びの成果」をさらに実践に生かせる人に育つ。

主体的・協働的に学ぶ学習＝アクティブ・ラーニング

以上のように考えたとき、ＦＬＬの活動そのものが、子どもたちに対するアクティブ・ラーニングになるのではないかと確信しました。

ＦＬＬでは世界が直面する社会問題が調べ学習のテーマになっています。それは高齢化社会問題であったり、エネルギー問題であったり、自然災害であったり、ゴミ問題がテーマであったりします。

これはアクティブ・ラーニングの「学ぶこと」と「社会とのつながり」を意識した教育であり、子どもたちがそうした教育のプロセスを通じて、基礎的な知識・技能を習得するとともに、実社会や実生活の中でそれらを活用しながら、自ら課題を発見し、その解決に向けて主体的・協働的に探究し、学びの成果などを表現し、さらに実践に生かしていけるような人に育つ、という考えにまさに合致すると思います。

また、子どもたちはこのような難しいテーマを自らの力で調査・研究します。図書館で資料を探したり、インターネットで情報を収集したり、その道のプロに直接連絡を取ってインタビューをしたりして、生きた知識として自らに取り込んでいくのです。

２００４年のテーマ「ｎｏ ｌｉｍｉｔｓ」（だれもがなんの制限もなく安全に快適に暮らせる世界）の際に、あるチームは学校の近所にある介護施設を訪れ、そこで暮らすお年寄りに「生活上で不自由を感じていることは何か」をインタビューしました。その問題を現代、または近未来の科学技術でどう解決すればよいのかを数か月間にわたって研究しました。

また、他のチームは目の不自由な人たちが、より安心してどこでも行きたいところに行けるようにするにはどうすればよいのかを研究しました。チームメンバーは盲導犬に注目し、盲導犬について調べることに。盲導犬は育てるのに時間も技術もお金もかかり、目の不自由な方々の求めに、すぐに応えるのが難しいことに気がつきます。

そこで「科学技術で、この問題を解決できないか」を研究テーマにしました。彼らが導き出した答えは、ロボット技術で盲導犬を作れないかということでした。

ここで重要なのは、彼らが身につけた知識や経験は大人から受動的に得た知識ではなく、自ら興味・関心を持ち、能動的に得た知識だということです。

さらに、現在自分たちが学校で学んでいる知識が、将来どのように現実社会で役に立つのか、また役に立てたいのかをイメージするチャンスにもなっています。

これこそ、**「学ぶことと社会とのつながりをより意識した教育」**であり、**「実社会や実生活の中でそれらを活用しながら、自ら課題を発見し、その解決に向けて主体的・協働的に探究し、学びの成果等を表現し、さらに実践に生かしていけるような人に育つ」**というアクティブ・ラーニングそのものではないかと私は考えるのです。

日本でも低学年を対象にした「ＦＬＬジュニア」が始動！

保護者と子どもがチームとなり学ぶことができる教育的メソッド

日本の教育において、アクティブ・ラーニングは、どちらかといえば中・高学年への指導方法として導入が進められているように私は感じています。

しかし、「主体的・協働的に学ぶ学習＝アクティブ・ラーニング」の習慣は、低学年から親しむことが重要なのではないかと私は考えています。事実、オランダでは6歳からこのアクティブ・ラーニングを実施しており、主体的・協働的に学習する習慣を身につけさせています。

そこで、ＦＬＬのような活動を低学年向けにしたものはないかと探していたら、なんとＦＬＬの関係者も私と同様に考えていたらしく、低学年を対象にした競技会「ＦＬＬジュニア」という

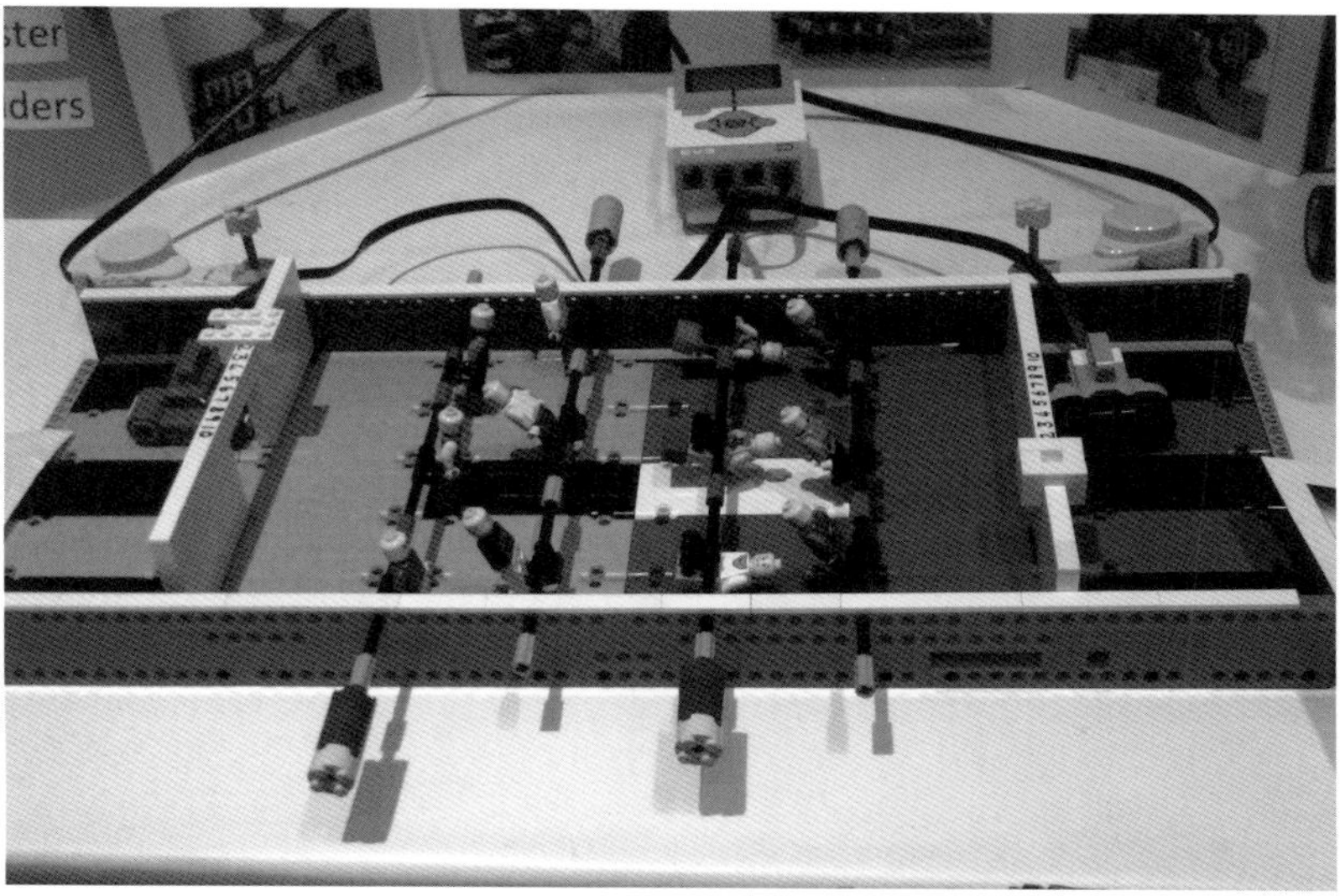
ロボット製作の代わりに、レゴブロックを使ったオブジェクト製作が審査対象になります。

ものが考案されました。

活動内容はロボット製作こそありませんが、実社会が直面している社会的問題の研究調査をするプロジェクトリサーチや、コアバリュープレゼンテーション、レゴブロックによるオブジェクト製作と、まさにFLLの活動そのもの。

小学校3年生以上（9歳〜16歳）を対象としたFLLと違い、参加者が低学年（6歳〜8歳）のため、チームの指導者である「メンター」の関与の仕方が重要となるのが、「FLLジュニア」の最大の特徴です。

この点に関しても私の個人的な見解です

が、小さな子どもがアクティブ・ラーニングの習慣を身につけるのには、保護者とのコミュニケーションが重要だと考えています。

ですから、今現実に直面している社会問題について子どもと語り合い、子どもに興味を持たせるきっかけを、一番そばにいる親が与える必要があります。次に、調べる方法を教え、友だちと一緒に「プロジェクト」プレゼンテーションを作り上げていくのです。

２０１５年の「ＦＬＬジュニア」

FLL 同様に、テーマに沿った研究結果を資料にまとめ、審査員の前でプレゼンテーションを行います。

のテーマは、ずばり「ゴミ問題」。ＦＬＬと同じです。２０１５年11月現在、この「Ｗａｓｔｅ Ｗｉｓｅ」チャレンジには、18か国、３万４５００人の子どもたちが参加しています。

日本でも「ＦＬＬジュニア」大会を２０１６年シーズンから開催することを予定しています。国内大会を勝ち抜き、世界大会に出場することで、世界の中の「ジブン」を意識することができるでしょう。さらに、世界大会でのプレゼンテーションが英語であることも、良いチャンスだと考えます。

この年代の子どもたちが社会に出て活躍するときには、今よりももっと進んだグローバル時代になっていることでしょう。そういった観点からも、小さいころから世界を意識して学習することは重要であり、「ＦＬＬジュニア」はその経験ができる最良の機会になると自負しています。保護者の方自らがご自身の子どもに教育の環境を提供し、親子のコミュニケーションを深めることによって、詰め込み教育では決して体験できない「生きた」教育が実現します。

ＦＬＬジュニアがめざすアクティブ・ラーニングは、両親と子どもがチームで活動し、主体的な探究心、想像力、創造力、表現力、他者と共に生きていく共存力を養い、世界のコアな一員であることを意識させ、国際社会で活躍できるグローバルな人材を育成する新しい教育メソッドなのです。

初めてでも安心
ＦＬＬをとことん楽しむ
Q&A

ＦＬＬに初めて
参加する人も、
もっともっとチームを
強くしたい人も
要チェック！

Q ロボット製作・プログラミング経験がゼロでも大丈夫？

A 「教育版レゴ マインドストーム EV3」を使ってロボットを組み立てるので、初めてでも大丈夫！

FLLでは自律型ロボットでロボットゲームを行います。自律型ロボットとは「プログラミングされたロボット」のことで、それが自分で状況を判断して動きます。ロボットはプログラミングされなければただの機械、ハコにすぎません。子どもたちはロボットゲームのミッションの攻略方法を考え、その動きをプログラミングしてロボットを動かします。プログラミングで使用するソフトウェアはアイコンを画面上で操作するものなので、初心者でも簡単に始めることができます。

「教育版レゴ マインドストーム EV3」基本セット。これらを使用することでLEGOロボットが作れます。下記のサイトからご購入いただけます。

FIRSTジャパン公式販売代理店

株式会社ロボット科学教育クレファス
http://crefusonline.shop-pro.jp

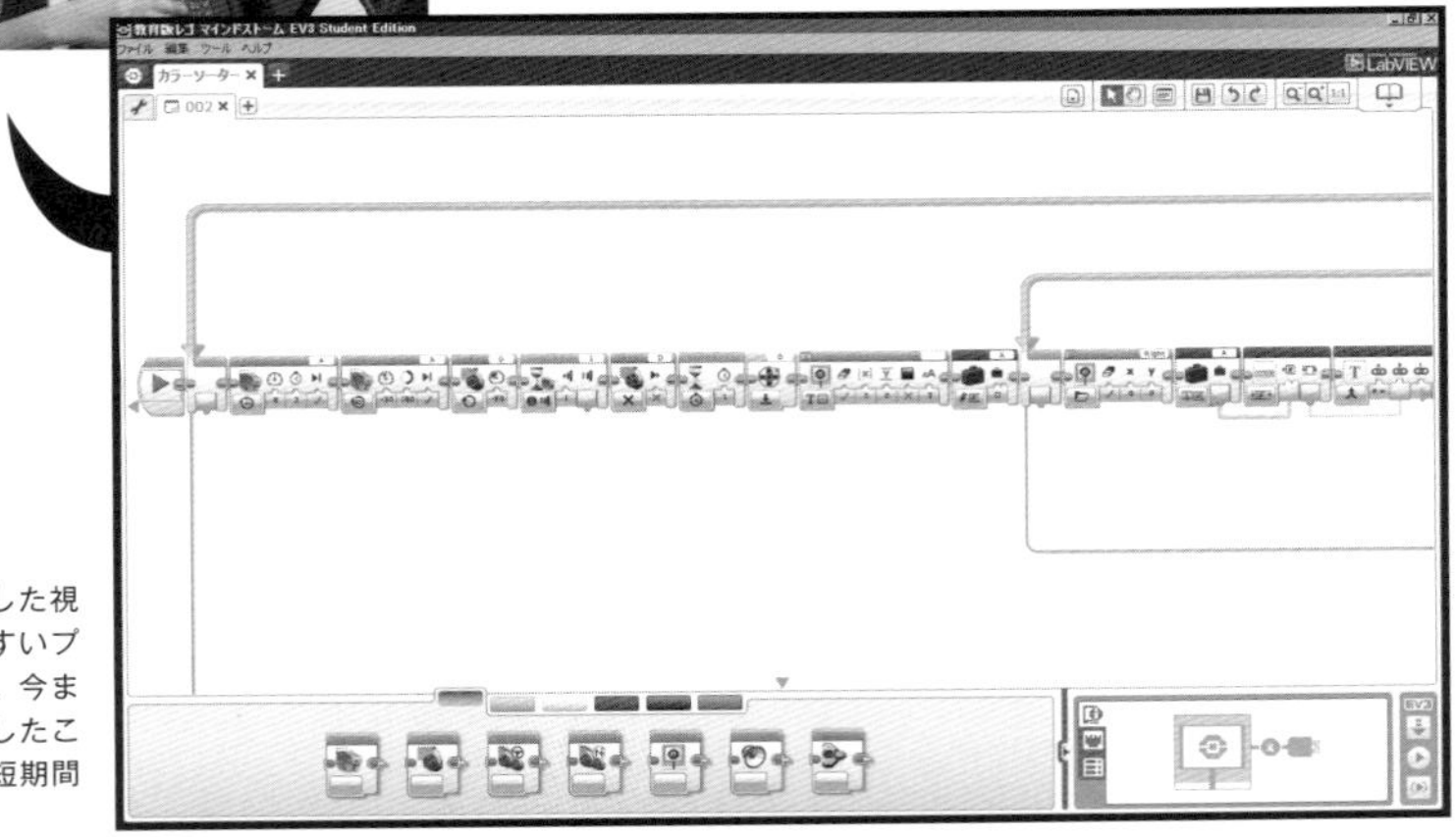

アイコンを使用した視覚的にわかりやすいプログラミングで、今までプログラムをしたことのない人でも短期間で習得できます。

Q FLLに出場するにはいくらかかるの？

A 大会登録料やロボット料金のほかに、チームの活動費や大会会場までの移動費などがかかります

FLLに出場するには、ロボットの購入費、チーム登録費が必要になります。規定のロボットである「教育版レゴ マインドストーム EV3」は5万2000円（税別）です。ほかの拡張パーツやセンサー類を合わせると6万～7万円となります。チーム登録料は地方予選4万円（税別）、日本大会は2万円（税別）となります。なお、地方予選の登録料にはその年のミッションキット代が含まれます。また世界大会に出場する際には、世界大会の登録料、渡航費、滞在費などが自己負担となります。

Q FLLの配点・採点方法を教えて！

A ロボット競技とプレゼンの総合得点で勝敗を決めます

FLLの配点は「ロボット競技」と「プレゼンテーション競技」に分けられます。ロボット競技の最高点は毎年異なりますが、およそ1000点です。ロボット競技は3回チャレンジし、その中での最高点がチーム得点として計上されます。プレゼンテーションは全部で3種類あり、それぞれ200点満点、計600点満点です。ロボット競技の点数とプレゼンテーションの点数の「合計」がチームの総合得点となります。

2015日本大会のチャンピオンに輝いた「Universal Serial Bus」（埼玉crefus）チーム。ロボット競技は全82チーム中トップの898点を獲得し、3つのプレゼンテーションも高評価でした。

Q どんなチーム構成にすれば強くなれるの？

A それぞれの役割を明確にすることが重要!

FLL はロボット製作、プログラミング、リサーチ、資料作り、プレゼンテーションと、取り組む課題が多岐にわたります。少人数ですべてを行うのは難しいですし、またそれぞれに得意な分野があると思います。チーム活動をするうえで重要なのは、担当分野を割り振ることです。それぞれのメンバーが自己の力を十分に発揮できるようなチーム構成を心がけるとよいでしょう。なお、エントリー後のチームメンバーの変更はできません。

ロボット製作、プログラミング、プレゼンなど、作業ごとに担当を割り振れば、活動がスムーズに進みます。

Q 英語が話せるようにならないとダメなの？

A 世界大会でのプレゼンに英語は必須!

日本での地方予選会、日本大会は日本語で行われますので、英語を話せなくても大丈夫です。しかし、世界大会はすべて英語で行われ、通訳もつきませんので、英語ができないと不利になってしまうことでしょう。また、FLL の毎年のテーマや公式ルールは英語で発表されますので、FLL をよいきっかけとして英語を学んでほしいと思います。

世界大会では、さまざまな国の文化や人と触れ合うことができます。英語が話せれば世界中に友だちができるチャンス！

Q メンターってなに？

A チームがFLL活動をするときの「指導者」です

チームエントリー後、メンターは「メンターミーティング」に参加します。大会主催者からFLLの理念や、ルールについてのレクチャーを受けます。

FLLでは、１チームに１人のメンターをつけることが義務づけられています。メンターには、子どもたちが直面する疑問や悩みに対して、適切な助言を与えてチームをより良い方向へ導いていく役割が期待されます。何かしらの専門分野を持っていることが望ましいですが、それは必須ではありません。多くの場合はチームメンバーの保護者の方がメンターとして活躍しています。メンターとして重要なことは、チームメンバーの子どもたちと活動を楽しむ中で、FLLの精神、学ぶ楽しさ、チームワークの重要性を共有しながら示していくことです。スケジュール管理、大会への引率もメンターが行います。

Q ロボット作りやプレゼンテーションが上達しない！

A 国内のFLL認定教室の対策講座に参加しよう

FLLは世界80か国で実施されており、約27万人もの選手が出場しています。ですので、ロボットの情報やプレゼンテーションの動画などがインターネットで検索すると多数見つかります。世界各国の選手たちの活動を参考にするとスキルも高まると思います。また、国内にはFLL JAPAN認定教室が多数あります。こういった教室ではFLL対策講座なども開講しているので、積極的に活用しましょう。

クレファス公式サイト ▸ https://crefus.com

東京・神奈川を中心に全国にスクールを持つ「crefas」（クレファス）は、毎年、FLLチャレンジコースや強化合宿を開講しています。チームのステップアップを図りたい人は申し込んでみよう！

アメリカのNPO法人 FIRST
インターナショナルコンペティションマネジャー
コンペティションズ
Gerhard Bjerrum-Andersen

FLLチームメンバー、コーチ、先生、
ボランティアスタッフ、スポンサー、イベントゲストの方など、
FLLに関わるみなさまへ

はじめに、多大なるご貢献をいただいた、鴨志田社長をはじめクレファスとFIRSTジャパンに感謝申し上げます。日本におけるFLL活動を開催し組織立てるだけでなく、日本の未来を担う子どもたちに近代テクノロジーへの入り口を築くことに尽力されました。

こんなに多くの日本の若者たちが、科学、テクノロジー、エンジニアリング、アート、そして数学に興味を持ち、取り組む姿を目の当たりにして大変喜ばしく思います。FLL 活動にかけるあなた方の献身や情熱には大変深い感銘を受けました。あなたたちはFLLの大使です。日本の若者たちの、そしてあなたたち自身の代表でもあるのです。
レゴグループ全般において、またとくにレゴエデュケーションにおいても、FLLはもはやロボティクスプログラムのみにとどまりません。
“すべての生徒たちに成功を”。この私たちのカンパニーミッションに今、確かなる説得力を実感します。

FLLはすべての人々に楽しく学ぶため、多くの機会を提供しています。みなさんは一生懸命に取り組み、挑戦に立ち向かってきました。少なからずFLLチームは、FLLに多くの時間と労力を費やしてきたのです。

ゆえに、私はみなさんに問いたい ――― 。
ハンズオン教育からなる経験を駆使し、実生活で発生し得る問題にチームワークと共に創造力を用いて解決策を探し、たとえそれが競争の場であっても互いを尊重し合い気づかう。そのような姿勢を持ってFLLに携わっていただきたい、そう思うのです。

FLLに参加することであなたたちは、勝者となり得るのです。

今後もよろしくお願い申し上げます。

Dear

FIRST® LEGO® League team members, coaches, teachers, volunteers, sponsors, event guests ... Dear all,

First of all, let me start to say a big thank you to CREFUS - FIRST Japan for organizing and hosting FIRST® LEGO® League activities in Japan and for their constant dedication, commitment and effort to bring modern technology to the youth of Japan.

To you FIRST® LEGO® League team members: I am so happy to see so many young people interested in science, technology, engineering, art, and math. I am very impressed by your energy and commitment to the FIRST® LEGO® League activities you are involved in.
You are ambassadors for FIRST® LEGO® League, for yourself and for the youth of Japan!

For the LEGO Group in general and LEGO Education specifically, FIRST® LEGO® League is more than just a robotics program. It is the most effective way to pursue our company's mission in reality - which is to "Enable every student to succeed".

FIRST® LEGO® League gives everyone involved so many opportunities to learn and have fun, and all you have to do is work hard and rise to the challenge. Not least all FIRST® LEGO® League teams put so much time and effort into their engagement in FIRST® LEGO® League.

Therefore, I want to ask you - all team members, teachers, coaches, and parents – to take up the FIRST® LEGO® League challenge by exploring hands-on learning experience solving a real-world problem in teamwork with your creative thinking, while also treating each other with respect despite being a competition.

Every one of you are in fact winners just by being involved in FIRST® LEGO® League!

Best Regards,

あとがき

２００３年に一緒にアトランタまで行き、ＦＬＬをともに日本に持ってきた石田先生には、初開催からずっと大会実行委員長を務めていただきました。２００４年にはＦＬＬを開催するための団体「ＮＰＯ法人青少年科学技術振興会」を立ち上げましたが、そのときも初代の会長に就任していただきました。

２００７年にはノルウェーで行われた世界大会にも同行していただき、寒空の中、ノルウェーの田舎町を二人で白い息を吐きながら歩いたことを思い出します。今、ＦＬＬが日本で開催できるのは、石田先生のご尽力があったからこそと、心より感謝しています。

石田先生、本当にありがとうございます。この場をかりて、お礼を申し上げます。

ボランティアスタッフの募集や会場手配、資金的困窮など苦労は絶えませんが、12年続けてきてよかったと心から思います。そしてＦＬＬジュニアも、日本で開催できるチャンスが巡ってきました。「世界で活躍できる人材の育成」にとても効果的なＦＬＬとＦＬＬジュニア。ぜひ多くの子どもたちに参加してくほしいと思い本著を執筆しました。

読みにくい部分があるかもしれませんが、百聞は一見にしかず！　ぜひ一度ＦＬＬの大会を会場で見てください。そして嬉々《きき》としてチャレンジしている子どもたちの姿を見てください。そうすれば私が何を言わんとしているのかご理解いただけると思います。

さあ、みんなで叫びましょう。

ファースト
レゴリーグを
一緒に
作りましょう！

ご支援していただけると……

- 未来の日本の科学技術を支える人材の確保を大いに憂い、社会における長期的な投資と考え、優秀な人材の教育に大きな支援をする企業として、その企業イメージの向上をNPO法人「青少年科学技術振興会」を通して可能とします。
- NPO法人「青少年科学技術振興会」が主催するファーストレゴリーグに関する印刷物やWEBなどの媒体でスポンサー企業名を露出いたします。
- NPO法人「青少年科学技術振興会」が輩出する優秀な青年たちは、スポンサーから受けた恩恵を生涯忘れることがないでしょう。またそれが貴社の長期的なブランディング戦略に大いに貢献することを確信します。

ご支援内容

下記に挙げるようなご支援のうち、ひとつでもご協力いただければ幸いです。また、イベントスポンサーは短期的支援ではなく、長期的支援をしていただくことを目的としており、従って、その団体・企業にとって負担が重くならないよう配慮いたします。

- ファーストレゴリーグを運営するための財政的な支援。
  ファーストレゴリーグに必要なスタッフや審判員、子どもたちのチームの引率者、指導者のボランティアとしての人材的支援。
- ファーストレゴリーグで使用する会場、撮影機材、音響機材、机、椅子、PC、ネットワーク機器、教材などの物による支援。
  ※個人の方でも受付しています。お気軽にお問い合わせください。

スポンサーに関するお問い合わせ先

ファーストレゴリーグ事務局
☎03-5784-9791　info@firstjapan.jp

PROFILE

鴨志田英樹

（かもしだひでき）

NPO法人青少年科学技術振興会理事長。株式会社ロボット科学教育Crefus代表取締役社長。一般社団法人ロボット技術検定機構理事長。成城大学文芸学部英文科卒。民間教育機関に入社し13年間教育産業に携わったのち、教育系ビジネスプロデューサーとして独立。教育とエンターテインメントを融合した教育プログラムを開発し、ITエンジニアの育成業務を行う。2003年、株式会社ロボット科学教育Crefusを設立。翌年にNPO法人青少年科学技術振興会を立ち上げ、FLL国内大会を開催する。2006年、ユネスコアジアパシフィック支局の要請により、ブルネイダルサラーム国で「Brunei Darussalam-UnescoScienceand Technology Camp」のプロデュースを手掛ける。現在も、子どもの科学に関する新しい教育プログラムの開発、発表の場を作るなど、教育の分野を中心に精力的に活動している。著書に『ロボットの現在と未来』（エクスメディア）がある。

STAFF

編集　浦川史帆
編集担当　村上妃佐子（KTC中央出版）
デザイン・DTP　櫻井ミチ
撮影　布川航太（2015JAPANオープン写真）
校正　東京出版サービスセンター

世界最大級のロボット競技会
ファーストレゴリーグ公式ガイドブック

2016年6月20日　初版第1刷　発行

著者　鴨志田英樹
発行人　前田哲次
編集人　谷口博文
発行所　KTC中央出版
〒111-0051
東京都台東区蔵前2-14-14 2階
TEL 03-6699-1064　FAX 03-6699-1070
印刷・製本　株式会社シナノパブリッシングプレス

内容に関するお問い合わせ、ご注文などはすべて上記KTC中央出版までおねがいします。乱丁、落丁本はお取り替えいたします。本書の内容を無断で複製・複写・放送・データ配信などすることは、かたくお断りいたします。
定価はカバーに表示してあります。

ISBN978-4-87758-378-1　C0037

Three,two,one
LEGO!